김선호 제2시집

여행 가방

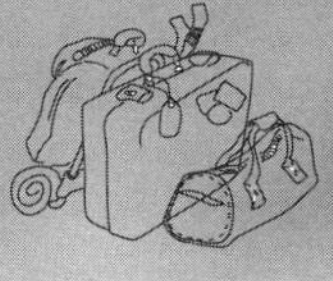

김선호 지음

여행가방

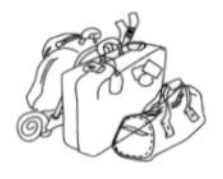

머리말

두 번째 시집을 내면서…

많은 독자를 향해서 시를 쓰지는 않았던 지도 모르겠다. 시를 쓴다는 것이 가시적인 현상을 비가시적인 것으로 해석해내는 과정이고, 또 이해할 수 있는 사유의 언어를 이해할 수 없는 감성의 언어로 습관화시키는 혼자만의 몸부림이라고 생각했기 때문일지도 모른다.

아무튼 시를 쓴다는 것은 시인이 존재하는 유일한 방식이라고 생각했다. 자신의 존재 이유를 실천하고 살아있다는 것을 그것으로 확인하는 과정이기도 했다.

그 과정에는 독특한 열쇠가 필요했다. 비가시적인 해석을 하는 열쇠이자 이해할 수 없는 감성을 푸는 열쇠다. 이를 통해 나름의 시 영역을 확보하려했는데, 그런데 그것도 여의치는 않았다.

세상에 쉬운 게 어디 있을까.

2016년 5월

김선호

목 차

제1부_강경역 느린 구름

제2부_도시의 빛

제3부_해장술에 취한 어부

제4부_꿈꾸는 심장

제5부 남은 이야기

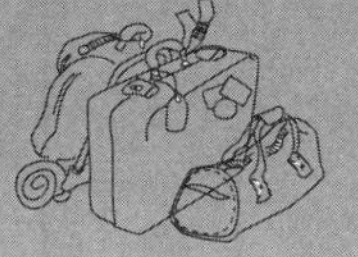

제1부

강경역 느린 구름

여행가방 1

느리게 걸어가는 시간
기다림은 의자에 기대 앉아있고
초여름은 빗물이 된다
꽃을 삼킨 너의 모습
너의 눈 속에 나의 기억 머무는데
너의 이름을 묻지 못했다

여행 가방을 열면
산 너머 또 산이 있고
강 너머 또 강이 있다
하늘을 품은 너의 모습
마주치는 눈 속 서로의 눈이 있었지만
너의 이름을 묻지 못했다

旅行包

慢步走着时间
等待靠着椅子坐
初夏变成雨水
吞花的你样子
我的记忆停留你的眼睛里
我没能问你的名字

当开旅行包
山那边又有山
江流水又有江
抱天的你样子
目光正好相碰，两心相照
我没能问你的名字

여행 가방 2

한여름 기차역만큼 무거운 날
너는 철길 따라 오는 눈부신 바람
무엇을 먼저 이해해야 할지
무엇을 먼저 말해야 할지
가슴 가득 보따리 묶여있다

시간이라는 안개같은 노름판
노동이라는 판돈 걸고
삶의 화투장 열어볼 때
너는
밤마다 가슴에 듬성듬성 박히는 별

얼마나 먼 길 떠나왔는지
돌아보는 편지를 쓰며
다시 알게 되었다
너를 보면 할 말이 너무 많아
하지만 아무 말도 하지 못했다

너의 시간은 순식간에 달아나지만
나의 시간은 너무도 느린 지금

더러는 잠청하려 열까지 센다
수 만 번 열을 세는 길고 긴 밤
내일은 또 너의 그림자를 잡는다

미내다리 건너기 못내 서러워

군산 떠나온 바람 황산에서 쉴 때
강경역 앞 전당포
시계 주인 돈 꾸어 주섬주섬 떠나고
금고에 든 시계 잠든다

돈 벌면 대처로 간다는
어른들 이야기 귀에 딱지 앉아
젊은 사람 떠나고
붉은 벽돌집 화석으로 남는다

과거와 현재가 멈춰버린 곳
금강도 흐르다 옥녀봉 앞에 멈추고
미내다리 건너기 못내 서러워
반달 돌 무지개 세 개 서 있다

강에서 잡히는 돼지는 흔적일 뿐
한 날의 영화 소솜에 지나
사람은 희붐한 새벽안개가 된다
시간은 땅거미 진 소롯길 저 홀로 가고

거미는 성긴 줄을 치고

편백 늘어선 기찻길 뒤
어둑해지는 산은 절을 숨기고
조붓한 산길은 해거름 넘겨준다
잿길에 노란 은행잎 흩어질 때
나는 은행나무 그림자로 선다
나락 턴 볏단에 머무는 석양
서늘한 바람에 흰 국화가 핀다

시린 하늘이 붉은 노을 빌려 입고
샛강은 병든 송장꽃 얼굴에 남기고
춤추며 사라지는 시간
누런 황토 벽돌 무너져 흙이 되고
거칠게 자란 풀마저 오가리든다
어간마루 무너져 고구마 항아리 간 데 없고
미닫이 문 옆에 선 친구 간 데 없다
뚜껑 닫힌 채 잊혀진 우물
빨래 불쩍대던 소리 연기처럼 사라져

되돌아선 달빛이 성긴 대숲 비출 때
서그럭 서그럭

댓잎은 지나는 바람 먼저 보낸다
침침한 대폿집 벽에 기대
찌그러진 주전자 탁주를 따른다
사발 안에 올라앉은 별들
젖은 눈으로 들어올 때
시커멓게 그을음 앉은 보꾹에
거미는 성긴 줄을 치고
고향 생각은 시간의 거미줄 걷어낸다

느린 구름 아래에서 1

1
느린 구름 아래
혼자 바쁜 열량짜리 열차
유령처럼 미끄러져 샛강 다리 건너선다
강경역 플랫폼의 측백나무 끝
선로변환기는 덩그러니 다음 손님 기다린다
철길 건널목 마다 남아있는 아이들 발자국
연무대 가는 느린 길 따라 길이를 재는 차들
흙먼지 옆으로 자갈 튀튀 뱉고
비오는 날 질척한 진흙 대문에 튀어 붙인다
탱자나무 울타리 가시 틈으로 누이 십 흘깃거린다
뽀얗게 앉은 가시 위 흙먼지
손으로 톡톡 건드리며 지나가는 아이
밀가루처럼 퍼지는 먼지는 잃어버린 기억의 파편들
누이는 이미 서울 간지 오래

2
좁은 길목 따라 그늘진 길은 눈 녹아 질척하다
길옆엔 파릇파릇 숨 쉬는 봄똥
손바닥만한 텃밭 녹슨 철망에 갇혀있다

오토바이 타기 좋아했던 상철이형
녹슨 머플러에 발 얹고 뒷자리 얻어 타 논둑길 가른다
신나고 겁나는 바람의 이야기 귓전에 쏜살같이 달려간다
형네 집 지나면 햇살 머무는 보송한 길
귀 터져 낡은 평상이 늘 외로운 점방
양철지붕 빨간 녹은 하늘을 잰다
별로 새로울 것도 없는 상품은 유효기간 두려워하고
자그마한 유리문 얼룩은 나이를 먹는다

3
푸른 이끼 가득한 우물가 도랑
계절 가는대로 흐르는 구정물
미나리꽝에서 모두 만난다
얼음 녹으면 어디서 나타나는지 모르는 거머리와 올챙이
꿈틀꿈틀 괴상한 몸짓으로 깊이를 잰다
매서운 장닭의 눈은 매의 눈이 된다
하늘은 미나리꽝 한가운데 머물고
구름은 물 위 미끄러지고
눈 내민 은행나무 지나
천천히 사립문 열고 들어온 집 마당

이른 봄 풍신나지도 않은 햇살
틈 갈라진 툇마루 덥힌다

4
할머니 낡은 다락에서 몰래 꿀 퍼먹던 아이
연탄아궁이 밤새 껴안은 더운 물
때 낀 바가지로 퍼 세숫대야에 붓는다
머리 풀고 하늘로 오르는 하얀 김
차가운 아침 햇살 사이
한 장의 사진으로 남는다
살아온 시간들이 덮어버린 이야기들
잊고 살아 단층으로 쌓인 기억들
장독대에서 마음은 구름 가는대로 두고
우물 앞에서 생각은 물 흐르는 대로 둔다
오늘, 느린 구름 아래
철길 따라 열량짜리 생각
유령처럼 미끄러져 샛강 다리 건넌다

느린 구름 아래에서 2

산이라 하기엔 키 작은 채운산
구름은커녕 안개도 걸리지 않는다
비좁은 산 길 소나무와 바위 사이
기차 경적 소리 쉬어간다
낮고 낡은 집들 사이
잃어버린 기억들이 걸어간 거리
하늘 만지는 느티나무 아래
옥녀봉은 피곤한 비탈에 서있고
손 끊긴 젓갈시장은 바람이 손님

포구 앞 소금 객주는 주인 떠난 지 오래
이끼앉아 퍼렇게 얼룩진 슬레이트 지붕
여기저기 구멍 난 곳으로 구름 지나고
시간은 깨진 콘크리트 바닥으로 숨는다
강줄기 따라 덩그라니 남은 미내다리
세 개의 반달을 부르는 노래에
금강은 어제처럼 저 홀로 흐른다
노을 타고 난 자리 쥐불놀이
휑한 논바닥에 불 먹은 달 수없이 뜬다
젊어서 시어머니 치매 수발하신 할머니

은행나무 아래 신주 태우시고
치매로 또 그 길 따라 가신다
떠난 사람 흩어지고 남은 사람 늙어
지난 이야기 아무런 관심이 없는 바람
길 잃은 사람 아는 척 하지 않는 구름
쥐불 만드는 모닥불 곁에 앉아도
시린 바람이 낯설다

뒷간 지키는 귀신

강경 포구 강물이 마르고
흰 머리칼 늙은 어부 떠난다
황산의 낮달 가끔 둥글어진다
흐린 달빛 성긴 수풀에 올라
황량한 뚝방 기웃거린다
슬픈 바람은 썩은 나무에서 울고

뒤 켠 마른 밤나무 그림자
주저앉은 대문에 비친다
울타리 고치는 아버지 뒷모습
담배 연기에 어깨 좁아지고
날연해진 모습에 저고리 품 헐렁하다

어디 사는지 모르는 노인
키 큰 은행나무 옆 지난다
차가운 가을비 뿌려
질척해진 진흙길
당신은 어디를 가시는가
무너진 벽에 푸른 이끼 가득하고
우물에 검은 이끼 가득할 때

늙은 과부 밤이 깊다

문 열고 나서면 단풍이 떨어지고
문 닫고 앉으면 문풍지 홀로 운다
샛강 두드리는 차가운 물살
하얀 서리 국화 향기 남기고
향기는 무심히 나를 불러 세운다
뒷간 지키는 귀신 만나러 가는 길
울 너머 채운산 저만치 있다

봄

사립문 앞 은행나무 초록 눈 뜰 때
할머니 남새밭 가다뤄
파릇이 봄똥 돋는다
먼동이 트고 훤히 빛 따라가는 사랫길
차가운 안개 천천히 벗개지고
샛강 줄기엔 바람 가벼워진다

묵은지 김치전에 탁배기 한 사발
눈가 붉어진 할아버지 수문 열어
뉘누리 쏟아지는 황톳물
물길은 삽 저민 흙 따라 열리고
거품 안고 제 바쁘게 달려 들어가
해묵은 논 들뭇이 찬다

드넓은 들대 가득 기적 소리
혹독했던 지난겨울
삭정이 된 나뭇가지 흔든다
새물내 나는 교복 입은 소년에게
강경역은 기억 팔고 사는 오래된 가게
봄은 그곳에 기차를 타고 온다

성묘

탑정호에 안개치마 입은 아침이 온다
몽실 거리는 안개 그림자 머리카락을 풀고 있다
술 취해 쓰러지는 밤의 유령
낚시꾼 살림망에 슬픈 잉어가 운다

가시박과 마른 잡초 뒤덮인 산 길 벌레소리 멎는다
무묘 되어버린 흙의 영혼들 길을 찾고
찬바람은 이리저리 한기 데리고 다닌다
가을은 흐르고 부서진 낙엽 남고

동티나서 가세 기울고
마른 잎사귀에 두런두런 떨어지는 수심들
술 올리고 산 내려오는 아들 발품새
할아버지 그림자 슬며시 따라온다

시간은 나이를 세고 있다

강경역 창문 넘어 들어오는 사각 햇빛
찌그러진 사다리꼴 만드는 하루
대합실 갈라진 바닥과 놀다
제풀에 지쳐 끝없이 길어진다

채운산 길고 긴 그림자 함께
산수국 한줌 너머로 지는 붉은 하늘
노루오줌 멋적게 널린 금강변
시끄러운 매미 귓속에 산다

다섯 계절에 익숙하지 않아
점점 잊어버리는 어릴 적 노래
흔들려 지나가는 가슴에 강물 흐르고
시간은 나이를 세고 있다

어제를 안고 잠든다

시간은 금강 물이랑 따라 가고
황산에 부는 날연한 바람
시간의 뒤 밟는다
사공은 남은 잔 비우고 떠나
기억은 배 잃은 강경 포구에 서성인다

노을이 구름을 물들이는 산
그 아래 모여 살던 아버지 어머니

1913년
붉은 벽돌로 지은 민족 자본의 한일은행 상경지점은
일제의 식산은행에 맞서 거의 같은 수준의
여신 · 수신고를 올린다
1924년
강경공립보통학교에서 최초로 신사참배거부운동을
벌이기 시작한다
1925년
침탈과 착취를 일삼는 일본 자본에 맞서
노동야학으로 시작한 노동운동은 객주와 하역노동자가
모여 노동조합을 결성하게 된다

1935년
일제는 어업조합을 만들어 객주를 탄압하고
없애려 하였으나 강경 객주들은 도매상과 어부들과
힘을 모아 어업조합을 무력화하고 객주의 승리를 이끈다

강물 흐르면 기억도 흐른다
떠나면 잊혀지고
남으니 소맷돌 잡고 세월에 묻혀산다
가슴에 깊은 은결 들어도
강경은 노을 물든 채운산 아래
어제를 안고 잠든다

여름

낚시꾼 밀짚모자 귀가 터졌다
대나무 낚싯대 마디마디 하늘 앉는다
매지구름 머흘머흘 지나가다
짓궂게 쏟아 붓는 소나기
빗줄기 송아지 등 지나면
눈 새구러운 해 다시 나온다
그 빛 바늘로 쏟아져
붕어 낚시 미늘에 반짝이고

어머니의 강 금강을 따라
아버지는 논두렁 돋우고 갈기슭 나진다
장화자국 깊은 논둑길 둘러앉아
새참 모둠밥 나눌 때
따라온 누렁이 턱 받치고 엎드린다
그림자 진 둠벙에 버들붕어 논다
하지감자 아린 맛 나는데
뜨거운 물신기루 곳곳에 아련하고

돌서더릿길에 자전거 넘어져 수박 다 깨졌다
길 위에 수박 꽃 한가득 핀다

우물 앞 빨래 불쩍대던 아주머니
안타까운 손 멈추고 물끄러미 본다
바지랑대에 다가서는 땅거미
하늘에는 별들 총총히 나서고
별똥별은 여름을 끌고 서편으로 간다

우리는 그렇게 새벽을 간다

밤은 조용한 이야기가 있다
서그럭 별 부딪는 소리
어둠 서로 다투는 소리
고막의 문 두드리고 달팽이관 지난다
어제와 오늘의 끊임없는 대화
가슴이 웃고 마음이 우는 시간
울고 싶은 자 웃고
웃고 싶은 자 운다

돌아오지 않는 시간의 속삭임
맺힌 가슴 별로 맺고
저린 가슴 밤으로 흐른다
숫눈길 걷는 이
별이 버린 서러움
밤이 버린 슬픔
도망치는 바람
한자루 담아 지고 간다
우리는 그렇게 새벽을 간다

早晨我们那样地去

夜里有幽静的谈话
悉悉索索群星掠的声音
黑暗争先恐后的声音
经过耳蜗敲门耳鼓
昨天和今天不断地对话
胸笑心哭的时间
要哭的人就哭
要笑的人就笑

回不来时间的私语
压在心里的星
铭心流向黑夜
没被踩过的雪路走的人
星舍弃的哀感
夜舍弃的悲伤
逃亡的风
这一袋子背着去
早晨我们那样的去

우물 앞에서

파랗게 이끼 오른 우물 앞에 서면
자배기 그들먹이 담긴 물 위로 구름 시적거리고
멱따서 세수대야 지질러놓은 장닭
멀쩡히 대밭 거닌다
우물 지붕 한 켠에 시래기 마를 때
댓잎은 궁시렁거리며 바람 보낸다

아랫집 누이 새물내나는 교복입고
신작로 나설 때 씨근벌떡 쫓아간다
뒤돌아보며 살짝 웃는 모습
땋은 머리 빗자루처럼 어깨 쓸고
발쪽해진 카라 너머 하얀 어깨 보인다
목이 하얀 너
너는 어느 별에서 온 종족이길래…

시린 겨울
오랫동안 쓰지 않은 키처럼
오늘도 마음 한구석에
고향이 덩그마니 걸려있다

진묘수 숨소리

노송 곁으로 흐르는 굽은 금강에
먼산주름 뿌옇게 넘어온다.
어제와 오늘 제 바쁜 군상 속
파랗게 더께 앉은 누른 홰나무
옹이 위로 또 옹이 필 때까지
숲정이 지킨 공산성
해맑은 얼굴 찾아 바쁘다

옛 사람 강물타고 떠난 자리
'공주의 남자'는 꿈 이야기하고
마늘각시 가슴 졸인다
꿈이, 꿈이 되면
오동나무 덜 자란 것이요
꿈이 현실이 되면
대나무 열매 다 익었다
모내기 끝낸 공주의 넓은 벌판
사름한 어린 벼 사이
진묘수 숨소리 바람소리 가득하다

하얀 종이에 손을 베인다

우리 깨어난 아침
다른 곳은 황혼

바람이 지나간 자리
무엇이 남아 있는가
전설이 지나간 자리
무엇이 남아 있는가

인생은 현실과 꿈으로 짠 옷
그 옷을 입고 춤추다
바스락거리는 가을이었다
사람에게 가장 불쌍한 것은 눈망울

새벽에 넘기는 책장
하얀 종이에 손을 베인다

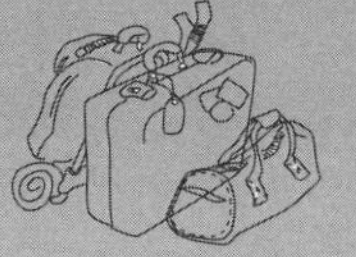

제2부

도시의 빛

새 도배쟁이는 검은 스타킹을 신고 온다

붉은 가을이 깊어 눈을 물들이고
가슴도 누런 잎을 버린다
손에 쥐어지는 푸른 하늘
별을 파먹던 귀뚜라미도 이제 침묵한다
날이 차가워져 옆구리 시릴 때
전기장판 틀어놓고 꿈꾸는 것은
마다가스카르

삶은 칼날에 묻은 꿀 가슴으로 핥아먹는 것
늘 상처가 남는다
베인 상처에 연고를 바르고 발라도
그 사이로 흘러내리는 피
가슴 다친 상처는 새 도배쟁이를 불러
깨끗히 도배를 해야 그나마 좀 낫는다
풍경소리 새벽안개 뚫고 올 때
새 도배쟁이는 검은 스타킹을 신고 온다

누가 누구와 외로움을 나누는가

수많은 차들이 수없이 지나간 다리 밑의 서늘함으로부터 하루는 어둠을 타고 돌아온다 간이역 머무는 곳으로 초저녁 달빛 매고 내려오는 등산객과 거대한 콘크리트 구멍 속에서 불빛 등지고 나오는 연인들이 멀리 모였다 흩어진다 그 누구도 서로 눈을 마주치지 않는 전철 안에는 혼자서 음란하고 불경한 말을 계속 중얼거리고 있는 투렛 증후군(tourette's syndrome) 환자가 타고 있고 환승역 역사 안에는 정신분열 양성증상을 보이는 환자들이 천국으로 같이 가자고 시도 때도 없이 소란을 피우고 있다 그들은 계단 중간에 엎드린 노숙인에게는 절대로 천국에 같이 가자고 하지 않는다

밤은 또 다른 이별이 또 다른 만남을 데리고 오는 시간
술은 방울을 흔들며 귀신을 부린다
박제된 인생과 혼돈의 현기증이 죽은 날파리 가득 들어있는 가로등 그림자가 된다
노선버스는 일찍 끊어지고 택시는 날개를 달고 있다
끊어질 듯 이어지고 이어질 듯 끊어지는 현기증
적막을 가르는 차가운 개천 물소리가 달동네 후미진 방의 흔들리는 형광등 불빛이 되고 눈 못 보는 이 셋 모여

읽지 못하는 편지를 뜯어보며 하루를 토한다
화초 심은 이유를 묻지 말라는 선인의 말이 편지에 담겨 있다

도시의 소금은 짠 맛을 잃어간다 사람은 유명해지는 것을 두려워해야 하고 돼지는 살찌는 것을 두려워해야 한다(人怕出名 猪怕壮)는데 삼겹살과 소주, 그리고 뒤풀이 치맥과 한없는 푸념 때문에 돼지 대신 살이 충분히 찌고 있다 두려워해야할 일이 점점 더 없어지고 있는 것은 항상 이틀 동안 어망을 말리고 있기(兩天晒网) 때문이며 시체가 된 몸을 데리고 죽는 연습을 하러 집으로 돌아가기 때문이다 재주 없이 나이만 먹는다고 눈만 뜨면 투덜대는 동안 도시의 마천루 아파트와 대형 백화점은 사치를 다투고 있고 스모그에 뒤덮인 도시는 병든 신선을 더 늙게 한다

밤도 길고 꿈도 길다
누가 누구와 외로움을 나누는가

谁和谁驱一驱孤独

从无数车过去桥下的凉，黑暗一天回来。
向小站背着月光下山登山者和　从宏大的混凝土大厦洞窟背着灯光出来的恋人们都又聚又散。
没有任何人对上眼的地铁里有一个 tourette’s 症候群患者，他继续自言自语不敬淫乱的话，在换乘站精神分裂阳性患者常常起哄说一起去天国。但是他们绝对不说一起去天国对无家可归者伏着在楼梯中间。

夜时间的别离别带来又别的见面。
一杯酒摇着铃通神。
剥製的人生和混沌的头昏变成死的小虫充满的路灯影子。
公共汽车早断线，出租车插着翅。
头昏似断似续似续似断。
冰冷湍滩声打破寂寞以后变成幽深房间的摇摇的日光灯火光，三个盲人一起拆着信吐一天。
在信上先人写了“别问种花儿的理由”。

城市的盐丢失咸味。

人怕出名猪怕壮，因为总爱吃烤猪肉炸鸡喝烧酒啤酒，胖起来替猪。

因为两天晒网，因为回家带来尸体一样的身体为要死练习，害怕的事逐渐消失。

马齿徒增嘟囔中，城市的摩天大楼公寓和百货商店相竞赛奢侈, 城市的烟雾让病身神仙更老。

夜是长的梦也是长的。

谁和谁驱一驱孤独。

달팽이의 뿔

하루 내 철길 길이를 재고 온 전철
열한시 넘어 집으로 간다
정신없던 하루를 자루에 담아 온 그들
스마트폰에 풀린 눈 맺혀있다
눈 속에 달팽이 뿔이 난다

풍선 허리를 가진 그녀
술 취한 스마트폰 너머 엄마를 부른다
"마중 나와 엄마!
딸을 누가 유괴해가면 어쩌려구"
그녀는 멋진 사내에게 유괴 당하고 싶은 건지
아니면 엄마의 따뜻한 유괴를 기대하는 건지
그것도 아니면 세상을 유괴하고 싶은 건지 모른다
그녀가 그렇게 동네방네 광고를 하고 있지만 유괴범이
5천만 명이라 할지라도 유괴는 쉽게 일어나지 않는다

내릴 역 지나친 학생의 졸려 죽을 것 같은 가방은 괴로운
모습으로 바닥에 떨어진다
바닥에 흩어진 하얀 종이와 책들은 전철의 구름이다
아래로 펴지는 구름에 눈들이 모인다

책 보고 글 읽는 유일한 시간
구름 속에 세상살이와 관계없는 말들이
하나 가득 들어있다
그 것들은 무엇을 얘기하고 싶은 건지
또 무슨 의미를 전하고 싶은 건지
페이지 숫자만큼 달린 입이 계속 조잘대고 싶은 건지
모든 것이 이해되어도 그만이고
이해되지 않아도 그만인 것
'유한한 생명이 무궁무진한 지식을 추구하는 것은 자신을
죽도록 피곤하게 만드는 일일 뿐이다'
얼핏, 그게 책이고 글일지도 모른다

무거운 무릎을 달래는 노인
초점 잃은 눈
유리창 너머 그는 또 있다
몸이 늙어 마음도 늙는다
마음이 늙어 몸이 늙는 것을 슬퍼한다
그는 뭔가를 해도 그만이고 하지 않아도 그만이다
노인은 때로 전철 속 자신의 그림자를 미워한다

이 칸 저 칸 헤집고 다닌다
그림자를 떼어 놓으려고 그러는 건지
자신의 집에 대한 기억을 지우려는 건지
그것도 아니면 그림자를 의자에 놓고 깔고 앉으려는 건지
그 곳은 그의 침묵이 아름다운 곳일지 모른다

마지막 전철은 무거운 생각들과 멋쩍은 생각들이
타고 간다
사랑싸움 하고 등 돌린 남녀처럼
부부싸움 하는 날을 골라 잘못 찾아온 친구처럼

전철 안 풍경

손에 든 직사각형 유리판은 얼굴을 빨아들이는 작은 블
랙홀이다 첫 화면에는 각종 아이콘들이 춤추며 이렇게
말한다
"세상 모든 것이 너를 소외시키더라도 나는 너를 결코 소
외시키지 않는다
단 사용료만 내면…"
글자와 사진과 동영상은 낮에 꾸는 개꿈이다
웃기도 하고 놀라기도 한다
예외는 없다 눈감고 죽는 연습을 하고 있는 승객을 빼
고는
얼굴은 유리판을 닮아서 사각형이 되어간다
열차 벽면에는 사각형이 된 눈을 쭉 째서 뒤집어 놓은 반
달로 만들어주고 사각이 된 얼굴의 턱뼈를 쌍동 잘라내
서 갸름하게 손봐주겠다고 하는 성형광고가 유령이 되어
으스스 웃고 있다

유리창 눈동자에 반사되는 피사체는 그저 그림자이기 때
문에 굳이 서로를 외면하지 않아도 된다
어쩌다 어깨라도 부딪거나 발이 밟히면 다스베이더의 광
선검이 달린 눈으로 마슬러본다

이럴 때는 제다이의 광선검을 감춘 채 눈을 빨리 깔면 깔수록 만수무강에 좋다
소란스러운 아줌마들의 수다는 정차역 방송을 잘 알아들을 수 없도록 아이의 옹알이 소리로 만든다
그들이 타기 전에 긴 의자 한 줄의 정원은 일곱 명이고 그들이 타면 정원은 여덟 명이 된다
먼저 타고 있을 때는 가끔 정원이 여섯 명일 때도 있다
산망스러운 아이들 입속에는 사전이 있다
욕이 입 속에 가나다 순으로 아주 잘 정리되어 있기 때문에 각종의 욕이 자유자재로 발사된다
K200 장갑차 발칸포의 탄약 장착 머신을 달고 왔기 때문이다
사회가 세금을 걷어서 아이들에게 해준 것 가운데 하나이다

나이든 것은 성은이 망극하게도 전철이 내린 또 한 가지 벼슬이다
조자룡의 헌 카드만 대면 하루 종일 전철을 적토마로 부린다
그들은 곳곳을 누비며 적을 섬멸한 무용담을 바닥에 데

굴데굴 굴러다니는 머리카락 뒤엉킨 먼지 덩어리처럼 늘어 놓는다
찌든 술 냄새와 정신 사나운 광고판은 하루의 두려움을 잊기 위해 잠든다
리플리증후군에 걸린 국화꽃은 시들면 다시 피지도 못한다
불쌍하게도 매일 해닥사그리해져서 집에 가는 꽃
죽는 연습을 하다가 가끔 종점까지 와버린 이들은 손 없는 날의 천사들
종점의 열차는 하루를 토하고 하나 둘 불을 끈다

地铁里风景

手持长方形琉璃是吸引脸面的小黑洞。
最前面屏幕的图标一边跳舞一边说。
“虽然世道万事让你疏外，但是我绝对不疏外你。
你只要开支使用费，就好。
字, 照片和 视频就是白天没有意义的梦。
又笑又惊。
没有例外，出了闭著眼睛死练习乘客以外。
眼睛和脸面变成长方形手机一样。
在列车墙上有整容广告变成鬼森森地笑着幽灵，切开长方形眼睛做反过来的半月形，也果敢地切削长方形下颌骨做长脸。

通过玻璃窗的眼睛返照的被摄物体只是影子，互相不必侧头。
一时要就撞到肩膀，要就踩了脚，乜达斯维德光线剑的目光，那时匿藏绝地武士的光线剑眼睛该向下看, 越快越好, 为了自己的万寿无疆。
因为杂沓的老娘们儿多嘴多舌，停车站广播指南好像小孩儿的话听不懂。
她们坐车以前一条长沙发的定员是七个人，但是她们坐车以后定员变成八个人，而且她们先坐车的时候定员往往变成六个人。
轻狂的孩子们嘴里有词典。
字母顺序排列的脏话，满口脏话。
因为他们设置了K200装甲车vulcan炮装药几。
这个是我们的社会用税款做给他们的。

圣恩浩荡，年龄增长的事是地铁给老人的一个官位。
只有赵子龙的旧卡，一整天可以利用赤兔马.
他们四处走访，夸耀自己如何英雄，好像骨碌骨碌滚起来的头发尘土块。
宿醉臭和脑子糊涂的广告牌睡觉为了忘记一天的害怕。
Rypley　症候群的菊花枯萎的时候，虽然不会再开花，但是每天韩最而归。
到达终点站死练习的人们都是无鬼之日的天使。
终点站列车吐一天以后关灯一个又一个。

터미널의 부르스

사람을 만나도 말이 없다
차가운 플래스틱 의자 나란히
분진으로 얼룩진 유리창 쳐다본다
노인을 돕자는 헌금 상자는 365일 상자 주인을 돕고
머리만 깎은 승려는 자기만 아는 요상한 불경을
열심히 중얼거린다
약국에는 맥도 모르고 침통 흔드는 무면허 약사가 있고
스파게티 공장은 폭발해서 성탄절 트리가 피었다

풀 방구리에 쥐 드나들듯
버스는 연신 들어왔다 나가며
삼키고 또 뱉는다
얼어터진 수도 고치느라 분주했던 배관공
내일 모레 문 닫을 일 걱정인 철물점 주인
가을 태풍이 김을 삼켜버려 바닷물을 삼킨 어부
얼어버린 배추와 가슴을 갈아엎은 농부
수시 정시 다 떨어진 옥탑방 삼수생
전기세 많이 나왔다고 투덜대는 반지하 할머니
냉동 가자미 한 마리에 천 원 씩 파는 생선가게 아저씨
임대료 밀린 짝퉁 가방가게 주인

대가리 피를 말리려고 열심히 담배를 빨아대는 아이들
그들이 들고 있는 가방에 오늘이 담겨있다

국수 연기 하늘 따라가다 희뿌옇게 가랑이 찢어진다
"그 날의 기억 밖에 없는 삶은 그날 벌어 그날 먹는
삶보다 더 슬프다"
그러나 그날 벌어 그날 먹고 살고 있기 때문에
그날의 기억 밖에 없는데 어쩌리
길게 늘어서 비단 구렁이가 되어 있는 택시들
포장마차 틈으로 새어나온 백열등 빛
취한 어깨 털며 까만 하늘로 사라져
검은 하늘에 반짝이는 돌이 된다

개미의 기도

모퉁이 돌면 먹음직스러운 애벌레가 있다고 늘 그것을 잡으러 가자고 한다 모퉁이를 돌면 또 다른 모퉁이가 나온다 모퉁이에는 관념의 모퉁이가 있을 뿐이다. 수많은 모퉁이를 지나 현실을 기만하고 싶어하는 애벌레의 유혹과, 유지하고 싶어하는 유혹이 머리를 든다 기만을 꿈꾸는 것은 내세를 말하고 유지하기를 종용하는 것은 내일을 말한다. 하지만 모퉁이를 얼마나 돌아야하는지 아무도 모른다 현실은 모퉁이가 지나는 미래와 과거의 연결고리로서 유지된다

어떤 경우일지라도 필로폰을 전두엽에 쏫아주며 앞으로 애벌레를 배불리 먹을 수 있다는 희망의 부적을 흔든다. 또한 내세에도 애벌레를 먹을 수 있다고 설득한다 필로폰과 부적 값은 반드시 내야하며, 개미는 다단계를 병행해서 애벌레를 잡으러 가는 병사를 무제한으로 늘려 줘야 한다. 내일의 희망은 에덴의 작은 변화를 용인하지만 큰 변화를 원치 않는다 미래의 희망은 큰 변화를 원하는 것 같으나 억겁의 시간 속에서 그 혁명성은 알 수 없는 일이다. 또한, 결코 직접 변화시켜주지는 않는다 원시적 촛불 앞에서 따르고 믿으며 겨울을 나라고 부추긴다. 노동

하지 않는 자가 노동의 필요성을 목에 힘줄을 돋우고 침을 튀기며 주장한다 고통스러운 노동은 애벌레를 잡는 희망의 노잣돈이라는 것이다 노동의 일부를 떼어서 상납하는 것은 희망과 내세를 담보하는 삯월세라는 것이다

무자비하고 집요하게 언 발에 계속 오줌을 누도록 시킨다 나이가 든다는 것은 동상이 계속 진행되는 것을 의미한다. 애벌레를 배불리 먹을 수 있는 따뜻한 봄날은 내일이거나 내세에 온다고 늘 주장한다 내일은 또 내일이 되고 내세는 또 내세가 된다. 여러 마리 애벌레를 갖는 부자가 되게 해준다는 그 풍신나지도 않은 주문을 끼워서 판다 유사 이래 지금 까지 참으로 오래 팔아먹고 또 수없이 팔아먹은 상품이다 신상품도 계속 나오고 개량품도 나오고 유사품도 많다 죽음에 이르는 길도, 죽어서 사라지는 것도 애벌레를 잡으러가는 희망이라고 한다 비탄과 좌절 속의 보람 없고 무의미한 인생과 하루가 하루로서의 의미 밖에 갖지 못하는 삶은 본질이 구제되는 것이 아니라 생각이 중독될 뿐이다

이웃 블로거

머큐리는 눈 내리는 겨울, 혼자 드라이브를 즐기고
행운 메이커는 虛字를 '사주팔자의 천간이나 지지에
없는 글자를 불러오는 수법'이라고 말하고 있다
법무법인 가교는 매일 짜장면과 탕수육을 시켜먹으며
이혼절차의 핵심과 유책배우자의 이혼소송 가능여부를
설파한다
훌륭한 시인 부친을 둔 브라이트는 '이 땅이 나를
술 마시게 한다'고 한탄하는데
별빛맘은 '시할아버지 제사에 장손 손자만 오면
되는 것인지'를 심통난 표정으로 묻고 있다
'공부=시험'이라는 케케묵은 공식에 진저리를 치고
있는 여르미
고소한 씨앗호떡이 맛있다고 호들갑을 떠는 동그라미
보증금 300에 월세 35만원을 강조하는
부동산 중계인 파랑비
엘리스의 과자정원은 구정 간식용 비스킷을 굽고 있고
일산 예치과9층은 끊임없이 임플란트 해설을 늘어놓는다
시네마플러스는 어디서 주워오는지 존경스러울 정도로
엄청난 양의 영화 정보를 퍼나르고
커피의 달인 인코씨의 고급 커피 이야기가 향기롭게

코끝에 닿아 올 때
산다라는 조근조근 책을 읽어주고 있다

끊임없이 어제와 다르게 사는 이웃
자고나면 그들은 또 다양한 삶을 핸드폰 속에 담아 놓는다

꽃다방 미스김

꽃다방 미스김은 유난히 키가 작아. 껌을 짝짝 씹는 폼이 예사롭지 않은데 아마 전국 개껌씹기대회에 나가서 은상 정도는 받은듯 해. 다리가 굵어서 덜 굵게 보일라구 맨날 검정스타킹을 신는데도 뭐 두께는 별 차이가 안나는 게 좀 안쓰럽기도 해. 다리가 굵으면 안타깝게도 길이도 짧더라구. 족히 10센티는 넘어 보이는 킬힐이라는 걸 신는데 옆에 통나무가 보이는 킬힐이고 그걸 웨지힐이라고 그런대. 하지만 걸을 때 참 불안해 보여서 보는 사람을 오히려 킬하는 것같아. 앞으로 삐져나온 발톱에는 빨간 메니큐어를 발랐더라구.

머리는 노랗게 물을 들였는데 밑에 까만 제 머리가 나니까 이층이 되서 좀 이상하기도 해. 미스김은 그 머리를 둘둘 말아 올려서 젓가락 같은 머리핀으로 길쭉하게 폭 꽂아놓는데 신기하게도 그게 안빠지더라구.
그래도 손님한테는 참 살가워.

미스김네 집은 강원도 영월인데 이남삼녀 중에 4녀라지 아마. 그렇게 밑이 찢어지게 가난한 집은 아닌데 학교는 중학교 밖에 못나왔어. 원래부터 공부하고는 무슨 철천

지원수가 졌는지 담쌓고 살아왔다더군. 게다가 공부하기 싫다니까 부모들이 집안일이나 시키고 학교를 안보냈대. 열일곱에 가방 들고 서울로 와버렸다는데 아마 친구든지 아는 언니 집에 한동안 얹혀살았던 것 같아. 누구 말로는 서울 올 때 어떤 시러배 아들놈이 꼬셔서 따라왔다가 얼마 안가서 헤어졌다고도 하는데 잘 모르겠어. 가끔 일 끝나서 소주 한잔 하고 취하면 개새끼 소새끼 하면서 그 놈 얘기를 한다고 해. 그래도 해맑은 웃음이 항상 예뻐서 미스김이 타주는 커피 두 수저, 프림 두 수저, 설탕 세 수저 넣은 진한 커피는 나름 맛이 괜찮아. 그런데 다방 커피 다 그렇듯이 잔이 납작하고 낮아서 두 모금만 마시면 끝이야. 그렇다고 리필되는 것도 아니고.

길 건너 복덕방 박씨는 미스김 손잡아 보려고 매일 꽃다방 출근 도장 찍고, 손금을 봐준다고 주물떡 주물떡 손을 만지면서 이런 수작 저런 수작을 벌여보는데 별반 먹히지는 않는가봐.
두 집 건너 세탁소 장씨는 미스김한테 껄떡대다가 마누라한테 걸려서 난리굿을 한번 치렀지. 마누라가 그랬대. "썩을 인간아! 잠자리에 물건도 제대로 못 세우는 주제에 다리미로 바지 줄이나 잘 세울 것이지 딴 짓은 무신 딴 짓이냐"고.

미스김은 오늘도 검정스타킹 신고 출근했대지?!

겨울 노래

시커먼 아스팔트 위로 진눈깨비 희뿌옇게 쏟아 붓고 있다
오후는 소란스러운 도시의 이야기가 지저분하게 질척댄다
미처 쓸어내지 못한 낙엽은 여기저기 늘어붙어 파리 목숨 부지하는 직장인의 한숨.
너도 나도 들고 있던 젖은 우산은 팽팽한 엉덩이 꿈꾸다가 필러의 약효가 다 떨어지면 이내 파김치로 늘어져 꿈을 접고 눈물을 흘린다
빛은 성형외과 간판에 매달려 있다가 아래층으로 내려와 이빨을 뽑고 있다
진리는 피부병이 걸려서 산체스의 아이들을 돌볼 힘조차 없고 미래가 불투명한 산체스의 아이들은 오히려 피부병에 걸리지 않는다
전철이 그만 가겠다는 곳의 역사
철길 아래 나물 파는 할머니
"되돌아보니 별 것도 없더라!"
되뇌는 푸념 소리가 기차 소리 따라간다

잡다한 삶을 진열해놓은 거리 지나 먼 산이 다가와 흰 눈을 팔고 있다
눈은 누구에게나 행복을 파는 한 계절의 가게

몇 초 동안 일지라도 절망이라는 이름의 애환을 눈 값으로 받고 거스름돈은 주지 않는다
밟아 부스러진 시간 위로 눈이 쌓이고 때도 모르는 장닭 산길 초입에서 운다
푸른 하늘 추위에 퍼렇게 질려있을 때 흰 눈이 땅 위에 앉아 흰 꿈이 된다
돌이든 말라비틀어진 덩굴이든 낙엽이든 묻지 않고 덮어 꿈꾸게 한다
눈포단 밑에서 얼크러진 낙엽 까만 눈 내밀고 빼꼼히 쳐다본다
그 속에 머무는 산의 혼은 살아있는 영혼들 달랜다
어제를 버리려 산 찾은 이들
등성이 도두밟아 흰 입김 버려진다

산사에 장작 가지런히 쌓인 허청
시름과 시래기 시렁 위에 마른다
오후의 빛이 머리에 잠깐 반짝일 때
손 끝 발 끝 시린 그리움은 늘 엇갈린 사랑 속에 사는 기다림이 된다
어둠에 쫓겨 도망가는 허망한 빛

매섭게 달려오는 흰 바람
어른거리는 그림자 따라 다시 살품 파고든다
본래부터 살품 속에 늘 머무는 것들은 사랑으로 가득한
신(神)과 이념
그들은 아름다웠지만 그 역사는 잔인했다는 전설
유효기간이 지난 꿈들이 눈 쌓인 나무 가지 사이로 슬픈
겨울 노래를 부른다

개 이야기

(1)
개처럼 벌어 정승처럼 쓰란다
개처럼 버는데
개고생 하면서 개처럼 산다
이걸 개 같다고 하는 것 같다
개와 정승은 사돈의 팔촌 쯤 되나 보다
내일은 정승이라도 개 패듯 패서
된장이라도 발라야 할까 보다

(2)
개도 닷새 되면 주인 알아본다
예뻐하는 아들 서열 1위
개밥 주는 마누라 서열 2위
개똥 치우는 남편 서열 3위
그래도 앞에서 꼬리치고
뒤에서 발뒤꿈치 무는 놈보다 낫다
개는 주인 물지 않는다
사람은 가끔 문다

인연 2

네가 그랬다
엉킨 낚싯줄처럼
우리가 엉망으로 칭칭 감겨 버린 건
내가 차를 잘못 탄 때문인지
아니면 네가 차를 잘못 내린 때문인지
내가 말했다
난 아직 차를 타지도 않았다고

네가 그랬다
몽둥이로 얻어맞은 것처럼
우리가 서로 보기만 해도 아픈 건
내가 길을 잘못 들어선 때문인지
아니면 네가 길을 벗어난 때문인지
내가 말했다
난 아직 길을 떠나지도 않았다고

네가 그랬다
살아가면서 가져야하는 것들
우리가 놓쳐버린 것들
내가 비오는 날 무엇을 잘못한건지

아니면 네가 교차로에서 무엇을 버렸던건지
내가 말했다
네가 없는데 그게 다 무슨 의미냐고

젊은 푸념

사는 곳
얼음 밑으로 숨죽여 흐느끼는 강물
천천히 소리 내어 봄으로 운다
겨우내 말라죽은 화분
도시 유목민의 창가에 남는다
다음은 숫기 없는 자취생 말라죽을 차례

가는 곳
냇가 물결 맑아 돋은 풀 파랗게 물든다
어리지도 병약하지도 않은
누이들의 피 빛 동백
가지에서 한 번, 땅에 떨어져 두 번 핀다
해거름녘 푸른 풀 위에 붉게 잠든다
외로운 절벽에 미래가 없다

가는 길
여행가방 들고
자잘한 기억의 쪼가리들과 씨름 중
꿈의 모서리에 이끼로 눌어붙은 시간들
무엇을 가지고 갈 게 있을까

바닥없는 구덩이에 묻힐 추억들
희망다운 희망이라도 있다면

봄은 앓고 있다
목련만 속없이 팝콘처럼 터지고 있다

종3역 (1)

찌그러진 천정 떠받치고 있는
낮고 침침한 형광등
그 아래 노점 슬리퍼
아가리 벌리고 하품한다
지린내 절은 계단 구석
무더위 한 발 씩 내려 딛는다

지팡이 끝 타고 흐르는
수많은 시간들의 피로함
아무도 기다려주지 않는
구부러진 어깨와 등
신문지 펴고 앉은 할머니 흰 다리
하루 종일 하루를 맞고
백구두 할아버지 나른한 부채질
하루 종일 하루를 보낸다

종3역 (2)

장사동 봉익동 돈의동 관수동 한 가운데
미래와 과거와 현재의 한 가운데
무심히 지나는 수많은 눈길 한 가운데
희다 못해 누렇게 탈색된 머리칼
당신보다 무거운 누런 박스
아무렇게나 접힌 신문
간신히 몸 가누며 끌고
역사(驛舍) 가로 지른다

벽마다 눈에 드는 보청기 광고
이방인의 걸망이다
어둡고 무거워지는 하루
검정 비닐봉지에 든 카바레 뽕짝 CD
가슴 저미는 시간 담는다
누구 장례 치렀다는 이야기 못 들었다
오늘은 마음 편한 할머니 할아버지
개찰구 앞 거울에 너와 나 비친다
시간이 비친다

침팬지의 진화

1.
누군가 길을 잃고 산다
누군가 삶의 지루한 일부를 잊기 위해 길들여지지 않은 생활을 한다
누군가 지독한 사랑을 버리기 위해 삶보다 현실을 더 가난하게 살아간다
누군가 버리고 싶은 남루한 삶을 견디기 위해 사용설명서 없는 인생을 산다
잃어버린 것인지 빼앗긴 것인지 자신에 대한 본질적 존재를 찾기는 어렵다
존재는 의식을 규정한다.
그러면 무의미하다고 인식한 존재가 규정하는 의식은 무엇인가

2.
초라한 모습 속에서 사상에 깊은 상처가 나도 처방전을 받을 수 없다
시간이 치료해주기를 기다리거나 자궁의 땅으로 소환되기를 기다리는 것이 사고를 하도록 진화된 댓가이다
자신이 고독하고 비참하다고 생각하는 동물은 단 한 종

류 밖에 없다
진화가 남겨준 주홍글씨
빈부의 격차가 지독히도 심한 동물
그것은 진화가 매일 매일 주는 역설적 급여
사유는 결론을 얻으려는 관념의 과정이다.
그 결론이 절대적 고독이나 빈곤의 종말로 나타난다면
진화적 사유는 어떤 의미를 지니는가

3.
먼지 낀 창을 통해 지난 시간의 궤적을 볼 수 있지만 다가
올 시간은 볼 수 없다
볼 수 없는 것은 다가오고, 볼 수 있는 것은 다가갈 수 없
는 불가역성이 검은 모자를 쓰고 등 뒤에 늘 서있다
하지만 서리를 밟으면 곧 얼음이 언다는 것을 안다
시간이 가르쳐주지 않아도 느끼는 것
신을 만든 유일한 동물이, 간신히 아는 것이라고는 그것
밖에 없다
스스로 삶의 의미를 버리고 자살할 수 있는 유일한 동물
도 단 한 종이다
욕망이 과하거나 무욕에 빠져 자살한다

신을 만들지 않은 동물은 훨씬 직감이 뛰어나며 자살하지 않는다
사유의 진화 결과는 동물적 직감을 대신해서 무엇을 가져다 준 것이며, 그 의미는 또 무엇인가

4.
그리고 묻는다 그 다음은 무엇인가를.
오늘을 묻지 않고 내일을 묻고자 하는 것과, 그 다음이 무엇인가를 묻고자 하는 것은 욕망과 본성에 관한 질문
본성과 욕망은 사상의 가옥에 거주하는 것을 의미하며, 잉크를 빨아들이는 백지처럼 영혼을 빨아들인다
결국 거울 속에서 지구의 멸망보다 더 무서운 자신과, 또 다른 낯선 모습을 발견한다
그것이 엄청난 어떤 모습일줄 알았을까
그렇다고 해서 그것이 어쨌다는 것인가를 묻는 것과, 어쩌겠다는 것을 묻는 것은 아니다
몸은 진부한 과거의 DNA에 억울하게 갇혀있고
진화는 미래의 빗장을 여는 열쇠인줄 알지만
뒤엉키는 본성과 욕망 속에서 현재 시점에서는 미래가 언제인지도 모른다

5.

차가운 방
손끝까지 시린 공기가 흐르는 정글
존재는 의식을 규정하고 형태는 내실을 지배한다
유한한 존재자가 무한한 존재자가 되려는 데서 오는 괴리
살아있는 동안
진화는 진화의 틀에 갇혀 있을 수밖에 없다
그것은 어느 세대이든 시점만 다를 뿐 동일한 조건이다
진화의 형이상학적 주체는 불가능의 이념을 사유하여
자신의 형이하학적 불행한 의식을 만들 뿐

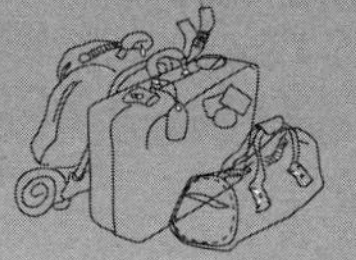

제3부

해장술에 취한 어부

가을 나루

나루터에 지는 해가 걸린다
저뭇해져 갈기슭에 매어 둔 배
갈대 그림자 사공이 된다
생각 물들어 흔들리는 배
바위는 강가에 앉아
흐르는 물 들여다 본다

어지럽게 떨어지는 단풍잎
산 너머 지쳐 돌아온 새
차가운 강 소리내어 흐르고
굶주린 까치 곳곳에 운다
손톱만한 초승달
강물에 떠내려가는 꿀난 달빛

서쪽 울타리에 가을 밤 머문다
발끝에 내리는 찬 이슬
어부는 되리에 빠져 아랫마을 가고
그물 손질하는 아내
손 등에 비늘 묻어난다

秋天的渡口

落日挂在渡口
黑下来的时候扁舟停泊在芦苇岸
芦苇影子成为船夫
因为沉郁之思扁舟波荡
江边岩石望着流水

红叶纷纷扬扬落下来
从山那边累着回来的鸟
冷江出声地流淌
到处都有饿鹊噪声
指甲一样的初月
落月光流着水

秋夜逗留在西边篱笆
冷露下在脚尖
渔夫迷上了光板女人
去别的村庄
修补鱼网的妻子
鳞片粘在手背上

가을 올 때

말라가는 논바닥 풀벌레 소리 사라진다
때 아닌 객쩍은 비 쏟아져
고개 숙인 벼 성가시다
비거스렁한 저녁
노루종아리 그림자
평상에서 내려와 마당으로 기어가고
땅거미 허물 벗고 어둠 속으로 사라진다

매미 떠난 자리
창 밑 귀뚜라미 저 홀로 계절 안듯
가을을 파먹고 있다
일곱 살 아이 무밭 다 망가뜨리고
할머니는 보리쌀 말가웃이나 물어주고
달뜨면 차례 음식 곳곳에 발매놀고
누렁이 냄새따라 헌 바자에 대가리 내민다

탁발 스님 가사 자락에서 막새바람 인다
누추한 대문 늘 닫혀 있는데
가을이랍시고 귀신불 놀러온다

오늘
여전히 선산을 지키는 굽은 소나무
이제 대청봉은 바람이 거세진다
늙은 아내는 창호지 오려
구멍 난 문 때우고

강마을의 하루

다 저녁에 우금 나선 물
깨진 빛 안고 북한강으로 흐른다
여기저기 서덜 쓰다듬고
작벼리 지나 탁해져
푸른 팔당 강마을에 머문다
석양에 여위어 가는 가마우지 그림자
검은 몸뚱이 닮아 가는 어둠

급하게 따르는 바람
아카시아 향 실어 나른다
해 누워 일어나는 달빛
여유당(與猶堂) 쪽마루 가득
서까래 그림자
줄 세워 떨어뜨린다
이내 동바리 타고 흘러
등불 끝으로 모이는 어두운 하늘
세미원 연밭 드리운다

초록 마름따라 온 초여름
능내리 마재마을 뒤로 하고

돌아와 홀로 앉은 술상머리
소반 호족(虎足)이 다가선다
탁배기 한 사발 위
개밥바라기 떠 있다
얼큰한 눈에 다가서는 글

'논 넓혀 연(蓮) 심은 집 번창한다!'

겁에 질린 풀

허망한 겨울 끝
바람은 어깨를 짚는 황사를 데리고
전기 줄에 매달려 하루내 윙윙댄다
날지 않는 새는 바람 바라보고
어미 깃 끝에 이사 온 바람
깃털 속으로 새끼를 숨긴다

북벽에 사는 신
냉기 속에 흐린 눈 뜨고
하늘 담은 물은 천변에 흐른다
주린 배 달래려 삘기 뽑던 아이 손
숨 가쁜 햇살 달아나면
황토 바람에 불 바람일까
저녁은 찬밥덩이에 나물 비빈다

쟁기 뒤따르는 맨발
질퍽한 진흙 속으로 미끄러지고
황소 어깨에 메운 멍에 무겁다
뭔가를 해보려고
봄 구석에 삐져나온 논둑 풀

겨우내 준비한 숨을 쉬지만
언제 뜯어먹힐 지 몰라
파랗게 겁에 질려 있고
꽃들은 그들의 부채를 편다
꿈처럼 바람처럼

겨울 호수

하얗게 내린 눈을 입은 마을
너의 빈 하늘을 가지고 있어
호수처럼 맑은 눈
호수에는 물풀이 살지만
네 눈은 물풀도 없이 맑아
하지만 지금은 얼어붙은 호수
나는 늘 한걸음 밖에 서있어

너를 꿈에서라도 볼 수 있다면
평생 꿈만 꾸고 살아도 좋다고
꿈 속에서 호수로 들어간다면
꿈의 진실은 거짓일리 없고
거짓은 진실일리 없는데
꿈의 진실은 아무데도 없고
모든 것에 또한 진실이 있어

질서 없는 의식이
용기 없는 땅에 여전히 서있고
무거운 의문은 얼음 위를 걷고 있어
네 모습을 질문하는 아픈 언어와

내 몫으로 남겨진 뒷모습
냉기만 흐르는 호수 위
눈은 쌓이고 또 쌓여만 가
오늘도 하얗게 하얗게 어제처럼

길 위에서

매미가 시끄럽게 들쑤시는 여름 끄트머리
하루 종일 하늘이 젖는다
희뿌연 안개 적삼 걸친 산자락 아래
우연히 걷고
우연히 길을 만난다
만남은 너무 오래된 기억

죽어 천년 살아 천년
풀 속에 주목 아득히 살고 지고
나란히 길 따르다 멈추는 곳
마을은 산자락에 얼굴을 묻고
길은 마을의 치마 속으로 숨고
밥 짓는 장작 연기
습한 공기 속 나무에 엉겨 오른다

꺼끔해진 때
멀리 새녘 하늘 희번해진다
비 맞은 새 갓털 흔들어 털고
잊혀진 시간의 푸념
길 위에 기억을 흔들어 턴다

길섶에는 지나온 허망한 흔적들
강물에는 지나간 허망한 흐름들

꿈속에 꿈이 내리고
소망이 내리던 길
길이 강이 되고 강은 길이 되고
그 길 하염없이 가는데
주고받는 언어에 오래된 입김이 서린다
살면서 너무 멀리 돌아온 길
빛을 숨기고
낮에 뜬 별 가슴에 묻는다

동명항

미시령 산등성이 안개구름 손잡고
병풍바위 데리고 나선다
사진 찍기 바쁜 둔들빼기 빨간 등대
미늘 없는 훌치기 하늘을 낚고
문어 경매 호루라기 바람 가른다

방파제 나뒹구는 불가사리
배 뒤비고 별 닮을 때
달갱이 닮은 하얀 발뒤꾸머리
굽 높은 신발에 발목 저블띠려
이쁜 처자 엉구럭 한송이 핀다

심술궂은 바람 불어 떠나는 시간
하고 싶은 얘기 다 못하고
흔들리는 그림자 길게 남긴 등표
파도의 시거리 눈부셔
바다는 내일처럼 어제가 설렌다

메밀꽃

구름 높게 걷어가는 하늘
선잠 깬 바람 곳곳에 풀어놓는다
너는 이미 타인의 시선
멋적은 곁눈질 애써 외면하는 나
스쳐갈 수 없는 스쳐간 얼굴
멀어져가는 너의 온기에
가을 가슴의 흰 속살 들판에 머물고
가슴의 가을은 메밀꽃 닮는다

한나절 지나 멀어지는 저녁의 빛
낯선 곳을 응시하는
곰보 얼굴의 커다란 달이 뜬다
오늘 너의 기억
달빛 숨는 그늘로 숨고
지금 너의 온기
등돌린 찬바람 따라 손이 차다
아직도 두근거리고 싶은 가슴
산 아래 뒤덮은 하얀 메밀꽃밭 지나
천천히 자작나무 숲으로 간다

경안천의 바람

까만 연밥 구멍에 사는 늪의 정령
복찻다리 건널 때 업고 가라한다
까만 눈 쇠백로 꼼짝 않는데
한달음에 도망치는 서늘한 바람

간신히 꽃 내민 부레옥잠
민물농어 사이로 엷은 보라색 잔물진다
여기저기 물풀 뒤지는 청둥오리
물 밑에 잠자는 영원의 정령 깨우고

계절이 연못 앞에서 머뭇거릴 때
우렛소리 멈추고 벌레 숨는다
띠살창 그림자 길게 늘어뜨리는 해거름
귀 닳은 문지방 기웃거리는 찬바람

벌겋게 녹 오른 함석지붕 아래
붉은 고추 말리는 노모의 주름진 손
그리운 영혼 업고 가는 하늘 아래
경안천은 꿈꾸는 듯 깨어있다

병동지한(甁凍知寒)

성에 낀 창문 비껴 넘어오는 어둠
술잔이 비고 그림자 진다
강따라 늙은 소나무 늘어서 있고
살얼음 아래 강물이 달린다
물과 물 다투지 않는 두물머리
얼음 치고 흐르는 마른 달빛
눈 내린 언덕에 산새 끝없이 운다

추위는 늙어 흰머리로 돌아오고
주막에 옛 주인 간 데 없다
다시 찾은 옛집 담장은 허물어져
주저앉은 기와에 흰 눈 가득하다
마당을 배회하는 구름 그림자
밤 깊어 빗장 지르는 스님
달 이울어 늙은 용이 운다

하얀 국화꽃 시들어 다시 피지 못하고
흰 눈 위로 차갑게 떨어진다
병이 얼어야 겨울 오는 줄 알까
조각구름 처마 밑에 잠 청하고

근심에 발 시려워 신선도 늙는다
이백이 내일 머리 풀고 뱃놀이 간다는데
꿈에나 졸졸 따라가 볼까

瓶涷知寒

天黑过玻璃窗的一层冰花来
酒杯空了，影子投
沿着河岸排着一溜儿松树
薄冰下河水跑流
在两水里，水和水不争先恐后
瘦月光触击冰上
山鸟喳喳叫在雪山丘

寒冷老得白头发回来
在客栈旧主人无影无踪
重访旧居，围墙倒塌
破碎瓦片上白雪覆盖着
流云影子徘徊在院子里
夜色深沉，和尚插门
月亮渐渐衰弱，老龙哭

白菊花败落下白雪上
瓶冻知寒
片云想睡着在檐下
因为愁思脚冻

神仙也老朽
李白明朝散发弄扁舟
倒是梦中，想跟随他

봄 꿈

개나리 줄느런히 피어
지들끼리 시룽거릴 때
온 몸 가득 화냥끼 흐드러지다
벚꽃은 제 잎 하늘에 흩뿌린다
저만치 서있는 목련
저 혼자 고고한 척 하르르 떨다
노르께하게 귀 말린 꽃잎사귀
땅바닥 여기저기 어질더분 늘어놓고

노루꼬랑지 만한 봄
네 손 잡고 꽃 길 거닐며
밤새 꿈꾸다 깨어나니
짚 태운 냇내 가시기도 전에
봄은 이미 저만치 지나간다

빈 집

떨어진 단풍잎 쌓여
사람의 자취를 지운다
여울 놀라 차갑게 흐른다
날 저물어 홀로 돌아오는 빈 집

탱자나무 울타리 휑한 사이사이
앞 선 나그네 흘끔 거린다
열린 대문 사이
빼꼼히 쳐다보는 강아지 눈 외롭다

서리 맞은 과일 다 떨어지고
하루 종일 빈집에 홍시만 달렸다
까치는 흩어지는 연기 속에 울고
장닭은 무심히 모래만 쫀다

병상에 오래 계신 노모
입맛 돌아오니 쌀 떨어지고
귀뚜라미 빈 뜰에서 울어대니
이른 달빛 마당에 가득하다

십리포 길

포도에 서해 바다 담아
바람에 익히는 대부도 지난다
날지 못하는 흰나비 하얗게 앉은
오래뜰 산딸나무 꽃
섬 속의 섬에 산다
새발 무성한 메추리섬
개펄에 쳐박혀 벌겋게 사그랑이된 경운기 외롭다
눈 들면 배래에 해무 노는 알섬들
어살 고기잡이 어부
술적심도 없이
소주 한 병 다모토리로 다비우고
어망을 든다

섬 건너 건너 십리포
갈바람에 꽃사슴 닮은 서어나무
푸른 하늘 보고 넋 놓았다
십리길 노해의 목새
모래 들몰에서 벼랑톱까지
파도에 닳아 하얀 구죽 눈부시다
여기저기 북적대고 들쑤시는

해루질 성가셔
얼른 숨어버린 돌짬 따개비와 짱돌게

주름진 손에 조새든 할머니
“버리고 간 사람 생각 안 혀
세월 지나면 잊혀질 걸”
구부정한 푸념 소리
바람난 할아버지 귀 간지럽다
모래 한가득 놀다가는 행락객
둥근 샷갓조개와 서해비단고둥 눈바래기 하면
왕좁쌀무늬고둥 새까맣게 붙어
오늘의 기억 지운다
십리포는 새 꿈을 꾼다

잔치가 끝나면

봄이 가난뱅이 꽃비로 진다
깨진 바람 사이로 스미는 향기
붕붕거리는 꿀벌
입 큰 고래 찾아간다

까맣게 변색된 하늘
전갈에 물린 은하수 별 쏟아낸다
섹시한 초승달
상상하기 어려운 존재

지쳐 쓰러진 침묵
바람 든 잇몸과 안개 뿌리는 눈
얼음 든 무릎은 어제의 슬픈 유산
어수선한 시간 대물림으로 남는다

피 빛 꽃잎 자근거리는 하루
파닥파닥 뛰는 물고기
뭉쳤다 흩어졌다 저 혼자 바쁜 구름
하늘과 바다 새 잔치를 준비 한다

해지는 춘천에서…

사월 끄트머리 여섯시 삼십분
봉의산 병풍아래
손 바쁜 하루를 접는 빛
해무리 안고 춤추다가
삼악산 허리에 앉는다
붉은 치맛자락 춘천에 널어놓고
공지천과 의암호 벌겋게 끓여
북한강에 퍼붓고 있다

저녁안개 차곡차곡 봉우리 넘어온다
천변(川邊) 단풍나무 무거워지고
천지에 널린 자산홍 색을 접고
사이사이 고개 내민 쇠뜨기
뱀 대가리같이 생긴 꽃대도 안 보인다
서로 지고 피는 곳 다른데
어찌 보일 리 있을까
빛마저 제 모습 감추는데
어찌 보일 리 있을까
뽐내는 꽃 지천에 널렸는데
누가 거들떠나 볼까

금병산 넘어온 땅거미
물닭이 대가리만 내민 호수 지나
발강이 낚은 낚시꾼 시커먼 얼굴 지나
응오 응칠이 서로 뉜지 모르고 싸우던 실레마을 덮는다
써레질도 안 된 논 위로
"길음한 꽁지를 회회 두르며"
새 그림자 난다
오늘 일곱 시까지
세상 어느 빛보다
아름다운 빛 머무는 춘천

몽환(夢幻)의 해무리 따라
바람 지나간 자리에
내일은 비 오려나 보다

해장술에 취한 어부

창틀로 기어드는 시린 바람
낙엽 다 떨어져 새 숨을 곳 없다
소리 내어 흐르는 차가운 강
안개와 적막 흔들며 튀어 오르는 잉어
갈기숡 여명에 배 띄운다

개 짖는 소리 성긴 울타리 건너온다
문득 문득 장끼 우는 소리
새벽달 흩어지고
바람에 춤추는 그림자
어둑한 언덕에 구름 머문다

어부는 해장술 취해 배 위에 잠들고
아이는 배꼬리 걸터앉아 주낙 놓는다
반짝이는 미늘에
이승의 잔치 끝내고
저승 노자돈을 끼울까

흰 강아지 뒷발질에 튀는 모래알
마루 밑 벌레가 슬프다

하늘엔 흩어지다 다시 모이는 기러기 떼
가대기에 허리 불편한 아버지
흩어진 흰머리 쓸어 올린다

醉酒渔夫

凉飕飕的冷风入窗框缝儿
只剩下落尽叶子的树木,鸟无处躲藏
冰冷的江流，铿然有声
一尾鲤鱼破例着晓岚和寂寞
临近黎明在芦苇岸放船

狗叫的声音过篱笆来
突然公野鸡叫声
晓月散开
影子在风中飘舞
在黑漆漆江皋云彩停顿

船上的醉醒酒渔夫睡觉
孩子坐在船尾下钩线
亮闪闪的鱼钩上
这辈子筵席结束以后
插黄泉路川费

因白小狗炮蹶子沙粒飞迸
木地扳下的虫子哀哀

天空雁群散开又聚集
因为负米父亲生腰痛
他把垂下的白头发撩上去

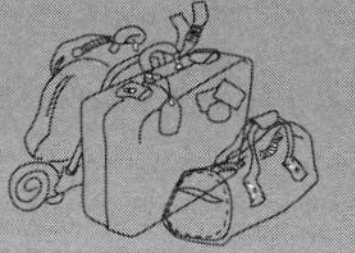

제4부

꿈꾸는 심장

꿈꾸는 심장

아마도 죽고 사는 그 중간 어디쯤
그녀의 마음이 있었나 보다
한때 살아가는 이유가 되었던
한때 즐거움의 이유가 되었던
참을 수 없는 꿈들의 심장
이제는 더 이상 뛰지 않아

그녀가 그랬다
만약 다음 생에 태어난다면
난 너의 심장이 될거야
내가 뛰지 않으면
너는 곧 죽을테니까

梦想的心脏

也许她的心在某个生死中间
一时活下去的理由
一时快乐的理由
无法忍受，梦的心脏
现在再也不跳

她那样说了
如果有下辈子
我一定要做你的心脏
因为我不跳
你就得死

너의 그림자

너한테 맞아서 눈이 멍든건지
가을 하늘이 원래 파란건지
아무튼 바다를 닮은 하늘
늦은 해 얼른 숨어 버린다
마음은 참을 수 없는 빈혈에 시달리고

네 손톱 잘라놓은 초승달
흐뭇한 가을 달빛 늘어놓아
풀포기 누렇게 젖는다
귀뚜라미 우는 소리 사이로
가슴의 황소 더딘 되새김 소리

미친년 속곳은 그림자끼리 다투고
게으른 구름마저 달아나버렸다
너도 따라 달아나버리고
나는 코뿔소 뿔에 받힌 곳에
댓잎 두드리는 슬픈 종기가 난다

너의 기억

너의 꿈으로 흐르는 강물 소리
고요히 숲을 울린다
지는 노을
구름 갈라진 사이로 뿌리는 붉은 빛
모래밭으로 목 긴 자라 기어 나온다
바람 소리 따라 산을 내려오는 새들
봉우리는 어두운 하늘에 달 토해낸다

천천히 서리꽃 내린다
서리꽃 위를 걷는 달빛
때로 너의 머리를 빗긴다
차가운 가을 달 아래
너를 찾는 길에서 만난 봉황
꿩 만도 못한 털 빠진 봉황

흐르는 강 물 비린내 난다
냄새 놀란 개 컹컹거리고
담장에 줄서서 쳐다보는 참새들
똥개 비웃고 있다
밤 다투어 새 집을 짓는 거미

늙은 나무의 정령 중얼거린다
내 몸에 줄치느라 참 애쓴다고

늙은 소나무 앞 흐르는 강물
길을 놓친 바람
밤하늘 구름 그림자
너를 찾느라 머뭇거린다

바퀴의 속도

너와 나 화물칸에 실린 선물 상자
평행으로 달리는 바퀴 간격만큼
일정한 거리에서 바라만 본다
12궁의 어느 간이역에서
조금 가까워질 수 있다면
그것은 기차가 흔들리기 때문
회색 콘크리트 침목의 침묵
시간은 바퀴의 속도에 비례한다

절반은 썩은 나무 상자 있는 곳
절반은 마른 나무 상자 사는 곳
화물칸은 바람이 없다
주머니 속에서 부서져 버리는 빛
7 행성의 선로 변환기 간격만큼만
기차는 상자를 흔든다
회색 콘크리트 침목 잠들어
미련은 바퀴의 속도에 비례한다

후회 없이 사는 것은
삶을 아주 재미없게 사는 것

화물칸 상자가 늘 그 자리에 있는 것
너무나 불행한 평행의 그림자
기차가 흔들리기를 기다리는 것은
안드로메다에서 늙어 죽는 것
회색 콘크리트 침목의 기도
시간은 바퀴의 속도에 비례한다

별은 돌이다

별은 돌이다
상상할 수 없을 만큼 큰 돌도 있고
코딱지 만하게 작은 돌도 있다
노인네 돌도 있고 어린아이 돌도 있다
몇 만 도로 불타고 있는 돌도 있고
얼음보다 차갑게 꺼져버린 돌도 있다
빛을 내면서 반짝거리는 돌도 있고
전혀 보이지 않는 돌도 있다
가까운 돌도 있고 먼 돌도 있다
대부분 생각할 수 없을 만큼 겁나게 멀리 있다
가깝다고 해도 해외여행 가듯이 갈 수 있는 것도 아니다

별은 그냥 돌이다
거기 희망과 꿈이 있다고?
사랑이 맺혀 있다고?
하늘의 정령들이 산다고?
돌을 보고 점을 친다고?
유성이 흐를 때 무슨 일이 있다고?
별이 ☆ 모양이라고?
별은 별난 돌이다

거기 희망이 있고 꿈이 있고
사랑이 맺혀있고
하늘의 정령들이 살고
별따라 운이 움직이고
유성 흐를 때 무슨 일이 있고
☆ 모양을 하고 있다
별은 살아있다

별을 따달라고?
그게 니끼가!

붕어빵

말수가 적은 하늘
늘 조잘대는 바다를 들여다보고 있었다
그날은 마음속에 고향 장이 섰다
누이의 볼을 스친 바람
냅다 서울로 달려가고
기억은 뚝방길에 머물러

꿈에 내 이름은 무엇이었을까
누이는 그대로 너의 이름을 가지고 있을까
도회지로 나온 후
꿈 속 내 이름은 그대로였을까
내일 꿈에 내 이름은 또 무엇일까

해가 수없이 바뀌고 나면
이름도 꿈도 기억도
빵틀에 넣고 푸욱 쪄서
하얀 구름 만든다
가슴 저린 하얀 구름
속절없이 연기처럼 풀어져
까만 밤하늘이 삼키고

섬

섬의 하늘
춥고 맑은 가슴으로
코발트색 숨을 쉬고 있어
우리는 섬에서 불빛처럼 살다 가는 거야
포옹하고 더 가까이 다가가고
온기 나누고 살고 싶지만
영원한 시간 속에서
너와 나 찰나일 뿐인 걸
그걸 어쩌겠어

그럼에도 불구하고
그 짧고 짧은 시간
눅눅한 가슴에
길고 긴 그리움 있다는 것
참으로 아이러니한
오리온자리의 꿈이야
그리움은 우리가 나고 자란 섬
떠나도 그 자리
돌아와도 그 자리

주홍발 무덤새

주홍발 무덤새 부르는 맹인따라
천둥과 무지개와 깃발을 만난다
그는 저녁노을 슬퍼하며 울고 있다
그의 색깔들이 오후의 하늘을 가로 지른다

눈이 보이지 않는 자 울면
주홍발 무덤새가 울고
여인이 울고
노인이 울고
어머니가 신성한 봄을 위해 운다

무지개와 함께 하는 곳에서 태어난 무지개 아이
해 저물녘 아버지 생각으로 슬픔에 잠긴다
사람 모습 닮은 구름들
끝없이 바다에 떠오른다
먹구름이여
그대는 왜 흩어지고 또 모이는가
북쪽에서 오는 바람 부드러운 팔로 어루만진다
돛대에는 바람이 잘게 찢어놓은 깃발들
찢어진 깃발들이 슬픈 춤을 춘다

천둥은 비단구렁이의 영혼
주홍발 무덤새가 운다

침묵

언덕에 올라 하늘의 창을 두드리며 무수한 별을 보았다
어린 천문학자는 별을 가슴에 묻었다
커서는 힐 신은 미끈한 다리나 쳐다본다
붕붕거리며 꽃들과 수작을 벌이는 벌을 보았다
어린 생물학자는 벌을 마음에 묻었다
핀셋으로 놈을 잡아 신경통 치료 한답시고
벌침이나 놓고 있다

대나무 낚싯대를 샛강에 드리우고 삶이란 생각에
골똘했던 중학생
어린 철학자는 생각을 하늘에 묻었다
커서는 아이언 휘두르며 공 안 맞는다 푸념이나
늘어놓는 철학을 하고 있다
나였던 그 아이는
지금 시시껄렁한 고민을 하는 그림자 철인
나였던 그 젊은이는 양기가 입으로 올라 잔소리와
푸념에 익숙한 도시인

남편의 비밀번호가 젊은 시절 애인의
전화번호라는 것을 알고 난 기분

아내의 패스워드가 젊은 시절 애인의
닉네임이라는 것을 알고 난 기분
거품 같은 희망과 막연한 환상 속에서
뭔가를 더 알아간다는 것
생각해야 할 것들이 더 많아진다는 것
그것은 참으로 더 시시껄렁해지는 것
침묵이 아름다울 때가 있다
너무도 절실하게

하모니카

(1)

너의 소리는 열 네 살의 이야기
하얀 칼라 달린 검정 교복
그 바지 주머니는 너의 집
제비 되어 날렵하게 나는 소리
맑고 짧은 울림은 물떼새의 종종 걸음
낡은 교실 나무 창 밖으로
번쩍이는 눈부심 데리고 간다

너는 수업 끝나는 종소리의 친구
작은 손 사이에서 나온 지저귐
뚝방 길 흩어진 나른한 오후 깨우고
양지 끝에 서서 강아지풀 흔든다
얇은 구리 떨판 사이
열 네 살 소년
흔들리는 시간에 기대어
소리의 시를 묶는다

(2)

운동장 끝 모래 먼지가 인다

벗어놓은 까만 모자 위로
열구름 그림자 지날 때
소나티네 되는 너의 차가운 입맞춤
초록 물든 양택의 묘지 옆
새까만 염소 반짝이는 털 위로
솔개그늘 지날 때
너의 소리 창백한 진혼곡이 된다

소리로 묶어놓은 시
지난날의 수많은 언어
시간의 열쇠로 풀고
구름 걸친 미루나무 그늘진 숨결
망종지난 보리밭 사이
이랑과 이랑 따라 사운거리는 바람
다시 너의 소리 따른다

해녀의 빛

가을 바다 빛을 숨기고 산다
바위가 물마시고 나면 흰 거품
저승의 돈을 벌어
이승의 자식 먹여 살리는 해녀에게
섬은 바다의 나그네
해녀는 뇌신의 나그네
빗창 반짝이는 빛
구름 그림자 아래 숨는다

쭈그러져 넋 나간 포도나무 잎
녹 오른 지주대에 턱 걸치고 있다
해녀는 망사리에 턱 걸치고 있다
사그라지는 불턱 모닥불
바람에 실려가는 하얀 재
오한은 흰 구름 함께 서 있다
영혼의 머리칼 곱게 빗겨주는 새벽바람
애솔밭으로 숨는다

물과 물풀 사이에서 흔들려 부서지는 빛
물 아래 삼년 물 위 삼년

소걸음으로 걷는 천리길
숨비소리에 스카프 맨 꽃청춘 다 지나
가슴을 숨기고 살아가는데 익숙해진다
노해에 숨는 하늘 빛
삶을 좇아 다니다 구름 끝에 선다
구름 좇아 다니다 가을 끝에 선다

꿈 1

죽는 연습이 이야기를 건넨다
나는 신(神)이 된다
그런데 몸이 말을 듣지 않는다
신이 좀 거지같다
제대했는데 또 군대 간다
정말 환장한다
귀신도 보낸다
여기서 만난 귀신은
너무나 무식해서 부적도 안 통한다
내 목을 조르고 지랄이다
가지고 있는 돈을 싸가지 없이
한 푼도 남기지 않고 싸그리 몰수한다

눈 뜨면 질그릇 깨진 조각
기억이 안 되는 백색 그림자
막 꺼진 촛불의 가는 그을음 뒤로
한 여름에 내리는 하얀 눈
어디서 와서 어디로 가는 줄 모르는
너는 바람의 정령
아침마다 내 치매의 친구가 된다

꿈 2

죽는 연습이 또 슬슬 말 건넨다
대꾸하고 싶지 않지만
내겐 권한이 없다
호랑이 봉황 용 돼지 이야기는
선택된 자의 친구이다
나는 아래 위 이빨이 다 빠지고
신발 잃어버리고
개가 집 나가고
밤새 돈만 죽어라 센다

너는 늘 야생이다
난 거기 던져진다
나에게 그다지 관대하지 않았던 너
아주 가끔 가물에 콩 나듯
ㅇㅇ를 만나게 해준다
하지만 내 맘대로 안된다
그래서 늘 좋을 만하면 끝난다

연습 끝나면 네 이야기도 끝이 난다
우물에 뜬 흰 구름처럼

소풍 나올 때 너 따라 왔지만
소풍 끝나면 너도 소풍 끝이다
막새바람에 흩어지는 허망한 연기처럼

꿈 3

죽는 연습이
바퀴 다섯 개를 갖고 왔다
하나는 내 손에 들려있고
네 개는 굴러 간다
가만히 보니 이 미친놈이
나에게 술을 먹이고 운전을 시킨다
고속도로를 달린다
엄청 잘 달린다
가속 패달에 발만 대도 나간다
말을 듣지 않는 브레이크
무지하게 불안하다

이차 저차 마구 들이받고
가드레일을 뚫고 튀어나가
논바닥에 쳐박힌다
가슴이 철렁 내려 앉는다
그냥 아득할 뿐이다

미친놈이 재주는 좋다
경찰을 어떻게 구워 삶았는 지

코빼기도 보이지 않는다
휴지 조각된 차도 야매로 다 고친다
에어백 터지는 것 본 일이 없다
나는 용케 다치지 않는다
또 달리고 있는 바퀴
솔직히 이놈이 시키는 것을
더 이상 하고 싶지 않다
하지만 숨 쉬고 있는 동안
내일 또 바퀴 다섯 개이다

꿈 4

죽는 연습은
가끔 손님을 데리고 온다
돌아누워 보니 낯설지 않은 낯선 여자
배시시 웃는 미소
흰 우유가 눈부시다
물처럼 흐르는 명주자락
산과 바다에 온통 살 냄새

내게로 왔다
가슴이 뜨거워지고
피가 툭툭 살아 숨쉰다
안개 춤추며
무지개 안고 얼크러지고 설크러진다
네가 저당 잡아놓은 나의 시간
이렇게 고마울 수 없다

박명을 밟고 온 서늘함
나를 깨운다
남사스럽기 그지없지만
그림자 잡으려 애쓴다

이제 막 첫 장 넘긴 이야기
어스름 새벽은 책을 덮어버린다
사상적 하등동물
쪽마루에 쪼그리고 앉아
나는 너를
너는 나를 버린다

ps: 늙은 하등동물에게는 손님도 잘 안 온다

꿈 5

죽는 연습이 말을 건다
언제인지 모르게 다가온 남자
한 번도 본 적 없는 낯선 남자
엄습하는 두려움
등골이 오싹해 진다
포악하게 옷을 찢고
우악스럽게 날 짓누른다
살기어린 눈 빛
쉰 땀 냄새가 진동한다
온 몸으로 저항해본다
소용없는 일
귀 속을 파고드는 거친 숨소리
뱀이 몸속에 들어온다

몸이 움직이지 않는 시간
홀연히 간다
모든 것 버리고 싶은 시간
하늘이 검다
식은 땀 얼룩진 등허리
차가운 대청마루 기둥에 기댄다

가장 만나고 싶지 않은 너
나는 너를
너는 나를 버린다

꿈 6

시간들이 대들보 속에 숨어서 엿 본다
서까래에 귓속말로 묻는다
어저께 다른 시간 하나를 훔쳐 달아난 구름 언제 오냐고

시간 훔친 구름 달려간다
울퉁불퉁한 인생의 숲 길
가는 곳에는 군살 붙은 배
초라한 뒷모습
거기 부추꽃 한가득 피어있다

꿈은 무의식에서 흘러넘친 쪼가리
가장 쉽게 죽을 수 있는 방법
낭떠러지에 서서 허공을 걸으며
추락의 위험 잊어버리는 것
전두엽을 망가뜨리는 것

흐르지 않는 강은 죽은 것
길이 없는 곳은 사람이 살지 않는 곳
한가로운 구름은 비를 뿌리지 못하는 것
무엇이 생각을 괴롭히는지 알 수 없다

"신은 주사위 노름을 하지 않는다!"

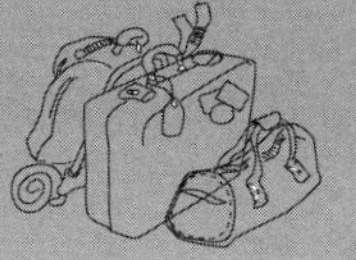

제5부

남은 이야기

오늘 1

구름이 구름에 묻혀 구름이 되고
흰 눈은 흰 눈 위에 쌓인다
바람은 바람따라 가고
별은 별처럼 빛난다
하늘은 그냥 거기

구름이 피어나면 그 구름이 아니고
흰 눈은 흰 눈 속에 녹는다
바람이 불면 그 바람이 아니고
별빛은 시간의 자취

구름과 눈과 바람과 별
오늘은
우리가 살아갈 남은 삶 중에
가장 젊은 날

오늘 2

겨울을 달리는 특급열차
하늘은 느리게 걷는다
핼쓱한 바람 휭하니 열차 따라간다
야윈 달그림자 밀어내고
다시 태어나는

자고 일어난 새 날
또 다시 맞선을 보는 하루
맞선 하루는 낯선 시간
길이 아닌 것 항상 길이 된다
(길은 흙벽에 기어가는 자잘한 금
갈라진 틈에 시간이 숨어있다)

겨울의 알량한 햇볕
가지 위 새의 노래를 말린다
따뜻한 봄볕 쬐다가
노숙자 얼어죽은 자리는 늘 내일이다
내일은 늘 서글픈 서리 녹는 날

원래 겨울은
우리 집이 아니었을지 모른다
부지깽이로 군불 건드린다
오늘이 군불을 쬐고 있다
오늘은 우리가 살아갈 날 가운데
가장 좋은 날
가장 젊은 날

今天 2

特快列车跑去冬天
天空慢步走
脸色苍白的风跟随列车
精瘦的月影子排挤出去
转世投胎

睡起来天亮
再相看着日里
面对面站着日里就是陌生的时间
常常，从没路的地方出来新路
(路就是爬过去着细裂痕在土墙，
时间隐遁在细裂痕)

冬天的光亮不怎么样
晾着鸟语在树枝上
融融地春晖晒无家可归者
常常，他冻死的地方就是明天
常常，明天就是可惜的霜花消融一天

本来冬天不是我的家，说不定

把火棍拨拉炕火
今天守着炕火取暖
今天，我们活下去的日子中
最好的一天
最年轻的一天

오늘 3

상어는 하루를 물어뜯고
겨울은 다리를 건너고 있다
장작불 개자리 내달리고 나면
연기는 바람의 영혼타고 태어난다
그을음은 아궁이에 시커먼 호적등본 떼어주고 간다
아직은 차가운 윗목 끝자리
13 월의 옷장에
잃어버린 기억 걸려있다

겨울을 가슴에 묻으면
평생 가슴을 베이며 산다
사는 것은 늘 반쪽
꿈으로 피는 수염가래꽃

어제 달아난 희미한 바람
자작나무 사이로 몰려든다
어깨에 시커먼 곰 올라앉은 하루
곰 발자국은 검붉게 죽은 부항 자리

어제는 슬그머니 뒷문 열고 나간다
쓸모없어 어제 버린 돌
오늘의 구들장으로 다시 쓴다
따뜻해지는 구들
오늘이 양말을 벗고
내 이불 속으로 들어간다
오늘은 우리가 살아갈 날 가운데
가장 따뜻해져야 할 날

오늘 4

나무 냄새에 기억은 뿌옇게 흐려진다
흔들려 지나간 뜨거운 길따라
강물에 구름 뒷모습 흐르고
구름은 가슴 속 숲으로 흐른다
너의 더운 이름을 숲에 얹는다

습한 공기 가득 배어
고목의 그늘 찾아 널어놔도
몸은 축 늘어진 젖은 빨래
부패한 시간 속 그림자는 새살 돋는가
너는 젖은 영혼의 저울을 움직인다

산언덕에 기대앉은 바위
강변까지 그림자 뽑아놓고
또 다시 긴 강이 토해놓은 누런 달
내일 아침 새로운 시간이 자랄까
네가 키운 크낙새 하늘로 돌아온다

사는 곳을 쫓아오는 시계
등뼈에 기억을 남기고 간다

생각을 도와주고 또 버리고
회색의 역사 속에서
살아남은 너의 아름다운 꿈
오늘 편백 베개에서 너의 고독을 듣는다

누이

자국눈 오는 아침
창문에 번지는 빗자루 소리 맑다
누이는 눈을 따라 온다

검정색 교복
장작 때는 겨울 유난히 냇내가 났다
낡삭은 빗장 열고 문 나서면
자국눈 밟고 오던 누이
다목다리 하늘을 닮았다
가난한 겨울 빛
땋은 머리 비껴 흘렀다

미어져버린 시간의 오차
한참 지나간 또 다른 시간
기억은 시간의 제곱에 반비례 한다
종발시계 울면
누이의 기억이 사윈다

친구 이야기 1

국문학을 전공하고
평생 얼토당토않게 법률 변론문만 쓰며 산다
'떡은 사람이 될 수 없지만 사람은 떡이 될 수 있다!'
라고 하는 과음 경고 문구를 보고 참 좋아한다
떡이 좋대나
그가 생각하는 떡은
우리가 생각하는 떡과는 다른 의미인 것 같다
카카오톡에 들어온 글을 보고
목사인 친구와 함께 내린 결론이다
대학 다닐 무렵
기타학원 강사를 할 만큼 연주 실력도 뛰어났다
음악을 유난히 좋아하는 감수성은 지금도 대단하다
그런데 평생 그 딱딱한 업무가 얼마나 답답했을까 싶다
그는 일본에 친구가 있다고 한다
카자흐스탄에도 친구가 있다고 한다
몽고에도 있다고 그랬는데 아무튼 여자라는 것 같다
같이 카자흐스탄에 놀러가자고 한다
카자흐스탄에는 꿈이 있는가 보다

친구 이야기 2

한때 두주불사하던 한량이 개과천선했다
이십년 동안 목회활동에 전념하는 것을
보니 참 놀라울 따름이다
가끔 만나서 식사를 할 때 짓궂게 그에게 술을 권한다
성경에 술 마시지 말라는 구절은 없다고 하며
얼마나 독실해졌는지 분위기 따라서
입에 대는 척만 한다
과거 실력으로 보면 엄청난 유혹일 텐데 말이다
술 유혹의 임계점은 지난 듯 하다
너무 성실하고 착하기만 해서
아직도 개척교회를 이끌고 있다
늘 웃는 낯으로 산다
과장하지도 욕심내지도 않으며 사는 것 같다
그는 적어도 신을 팔아 부동산 투기하고
사유재산을 축적하면서 사는 것 같지는 않다
성실하게 사니 하느님이 그를 성실하게만
살게 하는가 보다
그는 에덴으로 가고 있다

친구 이야기 3

그는 매일 인왕산에 오른다
산에 오르면서 가슴 속에 있는 모든 사람들이
잘되라고 발원한다
거의 매일 저녁 폭탄주를 최소한 열 잔 씩 마신다
타고 난 주량도 있을 것이다
하지만 하루도 거르지 않고 출근 전에 산에 오르며
체력을 관리하기 때문에 가능한 일이기도 할 것이다
굵은 다리 통 만큼이나 입담도 보통은 넘는다
모임에서는 그의 재담이 분위기를 주도한다
나이 들어서 양기가 모두 위로 올라와서 그러나 보다.
젊어서도 입담은 대단했다
그 재주와 기억력도 타고난 듯하다
그는 사회적으로 꽤 유력한 위치에 있다
아마도 매일 아침 떠오르는 태양을 보고
다른 사람이 잘되길 기원하니 제가 먼저 잘되는가 보다

친구 이야기 4

그는 성실성으로 따지자면 당연 상위권 아닐까 싶다
사상은 꽤나 진보적이어서
반골로 오해받을 수도 있을 정도이다
난세는 정상적 사고를 반골로 만들기도 한다
경영학을 전공하고 은행에 평생 몸담고 일했다
정년퇴직 후에도 서민 금융 대부 관련 업무를 하고 있다
재직 시절 은행을 살리자는 캠페인이 있었다
그것도 두 번이나 있었다
가진 돈과 퇴직금을 자사 은행 주식에 모두 넣었다
죄 종이가 되어 버렸다
그래도 그는 웃었다
뜨거운 가슴의 애사심이 완전 사기 당한 셈이다
세상은 때로 악화가 양화를 구축한다
그래도 항상 해피한 그가 부럽다
안빈낙도가 그의 주머니 안에 들어 있다

친구 이야기 5

그는 빛고을에서 태어났다
글재주가 아주 뛰어난 친구다
고등학교 2학년 때 문학상 시상식에서
시 부분 대상을 받았다
그 나이에 술도 좋아하고 담배도 잘 피우고
여자 꽁무니도 잘 쫓아 다녔다
한번은 여자 친구를 데리고 나의 자취방에 온 적이 있었다
나의 형이 그를 보고
"이 여자 친구가 백 번째 친구냐?"
하고 농담하는 바람에 그 여자 친구와 종 쳐버렸다
그의 아버지는 교장 정년퇴직을 하신 분이다
늘 아들을 잡으러 다니셨다
종종 나의 자취방에서 그는 아버지한테 잡혀가곤 했다
유학을 가서 철학을 공부했다
그런데 철학이라는 학문이
돈벌이하고는 크게 관련이 없는 듯 했다
차라리 그가 국문학을 했다면 아마 중간쯤 가는
문인이라도 되었을 것이다
국문학도 돈벌이 하고는 별반 관련이 없기는
마찬가지이기는 하다

그래도 뭔 미쳤다고 저하고 잘 맞지도 않는
철학을 한다고 인생 다보내고
그는 쉰이 좀 넘어서 간암으로 불귀의 객이 되었다
시집 한권도 못 남기고
그에게는 빈 하늘만 남았다

친구 이야기 6

그는 영문학을 전공한 것도 아니고
조기 유학을 갔다 온 적도 없다
그런데 그 보다 영어를 더 잘하는 사람을
나는 아직 본 적이 없다
고등학교 때 섹스피어 원작을 통 째로 외웠다고 한다
그게 가능할까 싶지만
아무튼 참 무식하게 공부한거다 그건
카투사 시험에서 수석으로 합격해서
군대생활은 용산 미군기지에서 했다
제대하고 영자신문 기자를 했다
당시 영국 대사 인터뷰를 갔는데
영어를 하도 잘해서 대사가 추천을 했다
영국 국비 장학생으로 영국에 유학했다.
귀국 후에는 세계적인 통신사 기자를 했다
영어로 대화하는 것을 들어보면
꼭 콩글리시를 하는 것 같다
발음도 그렇고 속도도 그렇고
반기문 유엔 사무총장과 비슷하다
내가 하는 영어나 뭐 별반 차이가 없어 보인다
그런데 알맹이는 하늘과 땅 차이인가 보다

나이 오십 조금 넘었을 때
모든 것을 다 그만두고 낙향했다
어머니가 편찮으셔서 병 수발을 하려고 그런다 했다
지금도 어머니 병 수발을 들면서 산다
그 같은 효자가 요즘 또 어디 있을까싶다
옛 말에 효와 공부는 우러나야 한다고 했다
둘 다 실천한거다
그런데 아직 미혼이다
결혼은 우러나서 하는 게 아닌가 보다

친구 이야기 7

월요일 한 장의 복권을 산다고 한다
814만 5060분의 1로 당첨될 것이라
기대하는 건 아닌 것 같다
그래도 일주일에 한 번 씩 꼭 오천 원을 들고
복권집을 들른다
기분학상으로 주머니에 든 복권이 십 억 원에
당첨될 것이라고 생각한다는 것이다
추첨하기 전까지 주머니에 십 억 원이 들어있는 듯
뿌듯하다고 한다
그래서 일주일이 행복하단다
어쩌면 십 억 원을 정말로 주머니에 넣고
다니는 것인지도 모른다
그는 주사위를 던지지 않는다

여행가방

발행 2016년 06월 1일
지은이 김선호
펴낸곳 꿈과 비전
발행 · 편집인 신수근
편집디자인 한미나
등록번호 제2014-54호
주소 서울 관악구 관악로 105 동산빌딩 403호
전화 02-877-5688(대)
팩스 02-6008-3744
전자우편 samuelkshin@naver.com
ISBN 978-89-951368-8-1 부가기호 03810
정가 10,000원